엄마 해방 일지

엄마 해방일지
엄마 마음 코칭편

초판 1쇄 발행 2022년 11월 11일

지은이 염은희
펴낸이 장길수
펴낸곳 지식과감성⁰
출판등록 제2012-000081호

교정 이혜지
디자인 정슬기
편집 정슬기
검수 정은솔, 윤혜성
마케팅 고은빛, 정연우

주소 서울시 금천구 벚꽃로298 대륭포스트타워6차 1212호
전화 070-4651-3730~4
팩스 070-4325-7006
이메일 ksbookup@naver.com
홈페이지 www.knsbookup.com

ISBN 979-11-392-0741-5(03810)
값 11,500원

- 이 책의 판권은 지은이에게 있습니다.
- 이 책 내용의 전부 또는 일부를 재사용하려면 반드시 지은이의 서면 동의를 받아야 합니다.
- 잘못된 책은 구입하신 곳에서 바꾸어 드립니다.

지식과감성⁰
홈페이지 바로가기

엄마 마음 코칭편

염은희 대표

엄마는 한 사람이고 한 세상입니다.
엄마가 안전하고 안정감 있는 사람이 되어 줄 때
아이들의 세상은 용기가 됩니다.

프롤로그

여자이고 엄마이고 한 사람으로 살아가며
매일 조금씩 더 나아지기 위해 노력하고 있습니다.
언젠가 떠나게 될 지구별에
나를 닮은
나보다 조금이라도 더 좋은 사람으로 살고 있을 두 아이를 생각하며
매일을 마지막 날처럼 살고 있습니다.
그리고 나를 만나는 사람들의 삶이 조금이라도
회복되고 성장하기를 바라며 글을 씁니다.

학창 시절 현모양처가 되는 게 꿈이었습니다.
선생님들은 좀 더 큰 꿈을 가져 보라고 격려해 주셨지만 저에게는
가장 크고 완벽하고 아름다운 꿈이었습니다.
그러나 그 꿈은 보기 좋게 깨졌고, 저는 실패한 인생이 되었습니다.
F.a.i.l 실패하다
한 사람으로
한 여자로

두 아이의 엄마로 살아가는 제 마음은 날마다 쪼그라들었고 실패하지 않은 척하며 살아가느라 억지스러운 삶을 살아야 했습니다.

그러던 어느 날…
F.a.i.l 부족하다
나는 실패한 사람이 아니라 부족한 사람이었습니다.
부모가 되고, 아내가 되는 법을 몰랐던 부족한 사람….
다자녀의 엄마가 되고 싶고, 한 남자의 아내가 되고 싶은 열망만 가득할 뿐 그걸 잘 해내는 방법은 배우지 못했던 부족한 사람….
사랑만 하면 모든 것이 마법처럼 해결될 거라 착각했던 부족한 사람….

실패한 일을 처음으로 되돌릴 수는 없지만 부족한 건 조금씩 알아차리고 배우고 훈련하며 채울 수 있습니다.
알아차리고,
수용하고,
변화를 위해 새로운 행동 시작하기.

완벽한 사람이나 엄마가 되고 싶지는 않습니다.
물론 될 수도 없겠지요.
알아 가고 훈련할수록 버겁던 삶이, 그리고 엄마의 역할이 조금씩 즐겁고 만족스러워지고 있습니다.

'다시 태어나도 엄마로 살고 싶어.'

조금은 덜 후회하고
조금 더 흐뭇하게 마지막 순간을 마주하고 싶습니다.

'엄마가 우리 엄마여서 참 고마웠어…'
'다시 태어나도 엄마의 딸로… 아들로 태어나고 싶어…'
이거면 충분할 것 같습니다.

여전히 실수하는 엄마이고
노력하는 엄마에게 든든한 힘이 되어 주는 사랑하는 딸 다인이,
아들 용범이에게 고마운 마음을 전합니다.

엄은희

목 차

프롤로그	5
사용 설명서	10
1. 오늘부터 봄 길	11
2. 괜찮은 엄마로 살고 싶어	17
3. 나에 관한 중요한 사실은 날마다 좋아지고 있다는 거야	23
4. 숨겨 두어도 터트려도 해결되지 않아	31
5. 나를 빛나게 하는 건 나야 나	37
6. 실수를 통해 배우고 있는 중이야	43
7. 같은 이름은 있지만 같은 삶은 없지	47
8. 지금 이 순간을 좋아하는 것부터 시작해	51
9. '때문에'를 '덕분에'로 바꿀 때 일어나는 일	57
10. 인생의 파이는 한 조각이 아니야	61
11. 같은 공간에 머물면 연결될 거라는 착각	67
12. 살아 보고 싶은 마음을 주는 힘	71
13. 누구도 엄마를 대신할 수 없어	79
14. 난 네게 반했어	85

15. 한 번도 살아 보지 않은 새 날을 축하해   89
16. 불편한 날들이여 이제는 안녕   95
17. 눈으로만 보지 않고 마음으로
      바라볼 수 있을 때 어른이 되는 거야   103
18. 나에게 남은 시간은 얼마나 될까   109
19. 다시 시작하는 나에게   115
20. 엄마의 손을 절대 놓을 수 없는 아이   119
21. 배가 고픈 게 아니라 마음이 고팠던 거야   125

에필로그   134

사용 설명서

새로운 행동이 습관화되는 데는 최소 21일이 걸린다고 합니다.
21일 동안 반복된 행동은 뇌에 각인되고, 이 습관이 완전히 몸에 배게 하려면 66일을 더 이어 가야 한다고 합니다.

워크북은 21가지 이야기로 준비되어 있습니다.
생각하고 느낀 것을 글로 적으며, 비우고 채우는 훈련을 해 보시기를 권해 드립니다.
상황이 허락된다면 자녀들에게 들려주시고,
마주 앉아 혹은 둘러앉아 함께 이야기 나누어 보세요.
단, 가르치는 시간이 되어서는 안 됩니다.
그저 말하고, 온전히 들어 주는 시간으로 경험될 때
안전하고 안정감 있게 잘 연결될 수 있습니다.

1편 엄마의 해방일지는 부모 마음을 돌아보고, 돌보는 내용으로 구성되어 있습니다.
부모 역할의 다양한 기술을 아는 것도 중요하지만
결국 그 기술을 사용하고 싶고, 포기하지 않고 기다리며 하나씩 가르쳐야겠다는 마음이 우선이니까요.

2편은 긍정 훈육의 내용으로 구성되어 출간될 예정입니다.
다양한 훈육의 도구들을 하나씩 배우고, 훈련하며 서로 존중하고 협력하며 함께 성장하는 부모가 되기를 기대합니다.

아는 것이 내가 아니라 하는 것이 나입니다.

1.
오늘부터 봄 길

기쁨을 누리는 사람은 그것을 누군가와 함께해야만 한다.
행복은 원래 두 사람의 몫으로 태어났기 때문이다.

-조지 고든 바이런

1일차〉
봄 길

〈봄 길〉

사랑이 끝난 곳에서도 사랑으로 남아 있는 사람이 있다.
스스로 사랑이 되어
한없이 봄 길을 걸어가는 사람이 있다.

— 정호승

여러분의 삶에 '봄 길'이 되어 준 사람이 있나요?
여러분은 누구에게 '봄 길'이 되고 있나요?
생각나는 사람의 이름을 적어 보세요.

봄 길이 되어 준 사람에게 편지를 써 보세요.
(생각이 나지 않는다면 누가 나에게 봄 길이 되어 주기를 바라는지, 왜 그런 마음이 들었는지 적어 보세요.)

___

새롭게 알게 된 것, 깨달은 것이 있나요?

평생 봄 길이 되어 주신 엄마가 계셨습니다.

두 아이의 엄마가 되었고, 나이를 먹었음에도 불구하고 친정엄마는 절대 나를 두고 먼저 떠나지 않을 거라는 착각을 하며 살았습니다.

2022년 3월 12일…

혈액암 판정을 받으신 엄마는 고작 16일…

침대에 누워 계셨고, 밤새 고요히 주무시다 가족들 곁을 떠나셨습니다.

결혼식을 앞두고 원하는 인생 한번 살아 보지 못한 채 떠나간 아들을 만나러 가는 길이 좋으셨을까요….

당신의 삶은 이만하면 잘 살았다… 이제 됐다… 충분하다 하셨을까요….

황망하게 엄마를, 아내를, 할머니를 잃은 가족들은 뒤로한 채 그저 평화롭고 평안한 얼굴로 떠나셨습니다.

슬픔이 목까지 차올라 하루하루를 견디며 살아 내기가 어려웠습니다.

그러던 어느 날, 교감 선생님들 연수에서 이 시를 함께 읽고 나누며 평생 따뜻한 봄 길이 되어 주셨던 감사한 엄마가 떠올랐습니다.

위로가 되었고, 다시 살아갈 용기가 생겼습니다.

아이들에게 엄마는 한 사람이고 한 세상입니다.

엄마가 곁에 있지만 엄마의 자리를 지켜 주지 못한다면 아이들에게는 살아갈 세상이 없어집니다.
　우리 아이들도 살아가며 혹시라도 누군가에게 이런 질문을 받는다면 1초도 망설이지 말고
　'엄마요…'라고 대답했으면 좋겠습니다.

　그리고 우리 아이들이 어느 날 문득
　'엄마로 살아온 염은희 님의 삶은 어땠나요?'
　라고 묻는다면,
　'말도 마… 양심이 있으면 그런 질문이 나오냐? 생각만 해도 끔찍하다….
　다시 태어나면 절대 결혼은 안 하고 애는 절대 절대 안 낳을 거야.'
　이런 마음이 불쑥 올라올지도 모르니 지금부터 연습해 보면 어떨까요?
　'힘들었지… 그런데 행복한 순간들이 더 많았어. 엄마는 너희들 덕분에 조금씩 어른이 되고 있고, 지금도 계속 성장하고 있어.
　고마워. 엄마로 살게 해 줘서….'

　서로에게 봄 길이 되어 주면 좋겠습니다.
　생명이 움트고, 싹이 나고, 파릇파릇해지는 따뜻하고 활기찬 봄 길….

2. 괜찮은 엄마로 살고 싶어

자식이 맛있는 것을 먹는 것을 보고 어머니는 행복을 느낀다.
자기 자식이 좋아하는 모습은 어머니의 기쁨이기도 하다.

-플라톤

2일차〉
어떤 엄마

어떤 엄마가 되고 싶으신가요?
첫 아이 임신 소식을 들었을 때 볼록해지는 배를 어루만지며 나에게,
그리고 만나게 될 아이에게 어떤 엄마가 되어 주겠노라 약속하셨나요?
다음 문장을 완성해 보세요.

나는 (　　　　　) 엄마가 되고 싶다.
(　　　　) 엄마가 되기 위해
나는

1. _____
2. _____
3. _____
4. _____
5. _____

하고 있다/할 것이다.

새롭게 알게 된 것, 깨달은 것이 있나요?

한국인 엄마들에게 질문을 드렸습니다.

"오늘을 열심히 사는 이유가 있습니까?"
"자식 때문이죠."

"태어나 제일 잘한 일은 무엇입니까?"
"자식을 낳은 거죠."

"지금 제일 큰 걱정은 무엇입니까?"
"자식이죠."

"소원을 한 가지 빈다면 무엇인가요?"
"자식 잘되는 거죠. 건강하고…."

부모의 마음이 이렇습니다.
'부산'을 가려면 내비게이션에 '부산'이라는 목적지를 설정해야 합니다.
그럼 중간에 길을 잃어도 다시 경로를 안내해 주니까요.
마음의 목적지를 정하면 흔들리고 실수해도 알아차리고 제자리를 찾을 수 있습니다.
부산으로 가는 길은 아주 다양합니다.

단, 부모의 역할은 자녀를 만족시키거나 기쁘게 하는 것이 아니고,

일방적으로 부모의 희생과 책임을 수행하는 과정이 아니며,
사랑이라는 감투를 쓰고 지나친 기대와 통제로 끌고 가는 것이 아니라는 걸 기억하면 좋겠습니다.
부모가 바라고 꼭 해야 하는 것이 있다면 부모와 자녀가 상호 존중하는 관계를 맺고, 책임감 있고 능력 있는 아이로 살아가도록 안내하는 것입니다.
다양한 훈육의 기술을 배워야 하는 이유가 바로 여기에 있습니다.
친절하면서도 단호한 부모의 훈육법은 워크북 2편에서 만날 수 있습니다.

3.
나에 관한 중요한 사실은
날마다 좋아지고 있다는 거야

당신을 만든 것은 당신이며
당신을 바꿀 수 있는 것도 당신이다.

-알프레드 아들러

3일차〉
나에 관한 중요한 사실

내가 행복할 때는 언제인가요? 왜 그런가요? (10개)

1.
2.
3.
4.
5.
6.
7.
8.
9.
10.

새롭게 알게 된 것, 깨달은 것이 있나요?

내가 화가 날 때는 언제인가요? 왜 그런가요? (10개)

1.
2.
3.
4.
5.
6.
7.
8.
9.
10.

새롭게 알게 된 것, 깨달은 것이 있나요?

나는 누구입니까?

1. 나는
2. 나는
3. 나는
4. 나는
5. 나는
6. 나는
7. 나는
8. 나는
9. 나는
10. 나는
11. 나는
12. 나는
13. 나는
14. 나는
15. 나는
16. 나는
17. 나는
18. 나는
19. 나는
20. 나는

새롭게 알게 된 것, 깨달은 것이 있나요?

부모를 선택하거나 바꿀 수는 없지만 어떤 부모로 살아갈지는 선택하고 바꿀 수 있습니다.

물론 쉬운 일은 아닙니다.

두 발 자전거를 처음 탔을 때 우리는 수도 없이 넘어지기를 반복했습니다.

비틀거리지 않고 중심을 잡고 속도를 내며 달려갈 때 이런 생각을 하셨겠지요⋯.

'불가능한 게 아니었구나. 좀 어려웠을 뿐⋯.'

세월호가 침몰한 지 어느 덧 8주기가 되었습니다.

승무원 박지영 씨는 아이들에게 구명조끼를 찾아 입혔고, 자신이 입고 있던 마지막 구명조끼마저 한 여고생에게 건네주었습니다.

"빨리 나가."

"언니는요? 언니 건데 저를 주시면 언니는 어떻게 나가세요?"

"언니는 승무원이야. 승무원은 맨 마지막에 나가는 거야. 걱정하지 말고 빨리 나가."

지영 씨는 끝내 나오지 못했습니다.

배가 기울어지자 불현듯 승무원이라는 사실을 알아차렸을까요?

승무원이라는 직업을 선택하며 어떤 승무원이 될지 고민했기에 생명이 위급했던 마지막 순간 행동할 수 있지 않았을까요?

엄마가 되는 걸 선택하지 않았고, 어쩌다 엄마가 되었더라도 이제는 선택하고 고민해야 합니다.

그렇지 않으면 우리의 인생도, 내 아이의 인생도 결코 안전할 수 없습니다.

어떤 부모가 될지 선택하고 고민하기에 앞서
나를 사랑하고 신뢰하는 마음을 점검해 보면 좋겠습니다.
우리는 나를 대하는 마음으로 타인을 대하게 됩니다.
나를 알아 가는 만큼 아이들이 보이고 안전하게 연결될 수 있습니다.

4.
숨겨 두어도 터트려도
해결되지 않아

어른이 된다는 건 기분에 휘둘리지 않고 일관성 있는 태도로
나를 잘 관리하는 사람이 되는 것이다.

-라라 E. 필딩

4일차〉
요즘 내 마음은

요즘 자주 느끼는 감정을 모두 찾아보세요.

욕구가 해결된			욕구가 해결되지 않은		
감동적인	짜릿한	여유로운	걱정되는	안타까운	당황스러운
감사한	사랑하는	흐뭇한	의기소침한	겁나는	불안한
자랑스러운	고마운	충만한	난처한	창피한	슬픈
가슴 벅찬	기대되는	기쁜	외로운	허무한	혼란스러운
기운 나는	홀가분한	편안한	무기력한	피곤한	지친
즐거운	재미있는	상쾌한	놀란	초조한	우울한
흥미로운	반가운	활기찬	서운한	실망스러운	괴로운
뿌듯한	열정적인	만족스러운	지루한	서글픈	부끄러운
설레는	행복한	신나는	쓸쓸한	울적한	막막한
들뜬	당당한	평온한	절망스러운	분한	허탈한
평화로운	친근한	안심되는	약 오르는	비참한	억울한

왜 그런 마음이 들었나요?
무엇을 할 수 있나요?

감정	이유(원하는 것)	작고 구체적인 행동
피곤한	여유 있는 혼자만의 시간을 갖고 싶다	아이들 학교 보내고 2시간은 무조건 나를 위해 사용하기(집안일 금지)

새롭게 알게 된 것, 깨달은 것이 있나요?

모든 감정에는 그럴 만한 이유가 있습니다.
그럴 만한 이유가 있을 뿐, 좋은 감정, 나쁜 감정은 없습니다.
감정은 내가 아닙니다.
내가 그런 감정을 느끼는 것일 뿐 감정과 나를 동일시하면 해결이 어려워집니다.
감정은 가르치거나 강요할 수 없습니다.
옳고 그른 감정이 없는데 우리는 때때로 감정을 억압하거나 회피하거나 전환하려고 애씁니다.
감정은 원하는 것이 해결되었을 때 느껴지는 것과
원하는 것이 해결되지 않았을 때 느껴지는 것으로 나눌 수 있습니다.

어린 시절 우리는 원하는 것이 해결되지 않았을 때 감정을 표현하면 존중받거나 수용되지 못했습니다.

"아… 아프다고… 피 나잖아~"
"네가 조심하지 않고 넘어졌으면서 왜 짜증이야?"

"아… 진짜, 숙제가 왜 이렇게 많아… 학교 너무 힘들어."
"뭐가 힘들어? 학교 다닐 때가 제일 좋은 거야. 공부나 잘하면서 그런 얘기를 해라…."

어른들의 이런 반응으로 우리는 자연스럽게 부정적인 감정, 나쁜 감정, 틀린 감정이라는 틀을 만들게 되었습니다.

"아… 안 아프다… 괜찮다…."
"우리 아들(딸) 씩씩하네."

"숙제가 많지만 열심히 해야지~"
"우리 아들(딸) 뭐가 되려고 이렇게 훌륭한 생각을 할까?"

　어른들의 이런 반응으로 우리는 또 자연스럽게 긍정적인 감정, 좋은 감정, 옳은 감정이라는 틀을 만들게 되었지요.

　어른이 된 우리도 다루기 어려운 감정들을 아이들이 잘 해낼 거고, 해내야 한다는 믿음은 어디서 온 걸까요?
　우리가 만나고 다루어야 하는 감정은 원하는 것이 해결되지 않았을 때 느껴지는 감정입니다.
　원한다고 다 해결되지는 않지만 감정의 뿌리를 알아차리면 감정의 늪에 빠지지 않은 채 있는 그대로 받아들이고 해결을 위해 한 걸음 나아갈 용기를 얻을 수 있습니다.

　감정은 우리의 생각과 행동에 영향을 줍니다.
　제품의 사용 방법을 알면 다루기가 쉬워지듯이 감정을 알면 말, 생각, 행동을 다루기가 조금은 쉬워집니다.
　다룰 줄 안다는 건 돌보며 업그레이드도 가능하다는 것입니다.
　지금보다 더 좋아지는 것도
　지금보다 더 나빠지는 것도

내가 어떤 생각, 감정, 행동을 선택하느냐에 따라 달라질 수 있다는 걸 기억하세요.

5. 나를 빛나게 하는 건 나야 나

비교는 기쁨을 훔치는 도둑이다.

-루즈벨트

#5일차〉
나의 별을 찾아서

**여러분은 어떤 강점이 있나요?
나의 강점 5가지를 찾아보세요.**
(자녀들에게 엄마의 강점을 물어보세요.)

감사하는	논리적인	배려하는	유머 감각 있는	정보를 수집하는
경쟁하는	도전하는	봉사하는	유연성이 있는	갈등을 해결하는
계획적인	격려하는	분석적인	말을 잘하는	성장을 돕는
공감하는	리더십이 있는	사교적인	자기 확신이 있는	느낌이 빠른
공정한	호감이 가는	타인을 사랑하는	깊이 사고하는	아이디어가 많은
인맥을 활용하는	주장을 펴는	설득을 잘하는	참을성이 있는	책임감이 강한
관찰력이 있는	방향성이 분명한	목표를 달성하는	적응력이 높은	추진력이 있는
글을 잘 쓰는	문제를 해결하는	신뢰를 지키는	전략적인	탐구심이 강한
끈기 있는	미래 지향적인	신중한	자기 관리를 잘하는	판단이 빠른
낙관적인	미적 감각이 있는	열정적인	학습을 즐기는	호기심이 강한

5가지의 강점 중 가장 나다운 3개의 강점을 찾아보세요.

3개의 강점으로 한 문장을 만들어 보세요.
가족들의 강점도 찾아보세요.

새롭게 알게 된 것, 깨달은 것이 있나요?

토끼는 부푼 꿈을 안고 학교에 입학을 했습니다.

선생님도 친구들도 모두 친절해 보였고, 학교도 마음에 들었습니다.

1교시 종이 울렸고 달리기 시간입니다.

토끼는 자신만만했고, 훌륭하게 해냈습니다.

선생님은 친구들에게 토끼를 칭찬해 주셨고, 친구들은 모두 토끼를 부러워했습니다.

자신감이 생겼고, 조금 우쭐해졌습니다.

2교시 종이 울렸고, 수영 시간입니다.

눈앞이 깜깜해진 토끼는 어쩔 줄 몰랐습니다.

다행히 준비 운동만으로 수업은 마쳤습니다.

3교시 종이 울렸고, 나무 타기 시간입니다.

선생님과 친구들이 실망할까 봐 걱정스러운 토끼는 있는 힘을 다해 나무에 올라 보았지만 미끄러져 다리를 다치고 말았습니다.

4교시 종이 울렸고, 높이뛰기 시간입니다.

높이뛰기는 자신 있었지만 3교시 때 다친 다리로는 실력을 발휘할 수 없었습니다.

학교생활에 어려움을 느낀 토끼는 상담 선생님을 찾아갔습니다.

"토끼 너는 이 수업은 자신이 있는데 이 수업은 어렵다는 거구나?
그럼 앞으로는 잘하는 수업은 빼고, 어려운 수업을 반복해서 들으면서 실력을 쌓는 게 좋겠구나."

토끼는 학교를 그만두기로 마음먹었습니다.

그리고 숲으로 돌아가 동물들과 각자가 가진 강점을 더 잘 배울 수 있는 학교를 만들기로 했습니다.

똑같은 강점을 가지고 살아가는 사람은 없습니다.
똑같은 강점을 가지고 살아갈 필요도 없습니다.
어떤 사람이 훌륭하고 어떤 삶이 성공적인가요?
자신에게 주어진 능력과 삶을 누구와 비교하지 않고, 탓하지도 않으며 매 순간 나의 선택에 최선을 다하고 책임을 지며 살아가고 있다면 훌륭한 사람이고 성공한 삶이 아닐까요?

내가 가진 것을 자랑하거나
내가 가지지 못한 것을 부끄러워하지 않고
다른 사람들과 나누고 협력할 때 아이들과 함께 우리 모두가 행복한 세상이 됩니다.

우리 모두에게 매 순간은 처음 살아 보는 시간입니다.
마음껏 실수하며 배울 수 있는 안전한 공간이 있고, 어른들이 있다면 사는 것도 배우는 것도 조금 즐거운 일이 되지 않을까요?

6.
실수를 통해
배우고 있는 중이야

스스로를 돕지 않고는 진정으로 다른 사람을 도울 수 없다.
이 사실이야말로 우리의 삶이 주는 가장 아름다운 대가 중 하나다.

-랄프 왈도 에머슨

6일차〉
실수

지금까지 살면서 후회스럽거나 스스로
부끄러운 선택을 한 경험이 있나요?

1. _____
2. _____
3. _____
4. _____
5. _____

그 일로 무엇을 배웠나요?

1. _____
2. _____
3. _____
4. _____
5. _____

> 새롭게 알게 된 것, 깨달은 것이 있나요?

중학교 2학년 이슬(가명)이는 엄마의 강요로 아이를 입양시키고 미혼모 시설에서 회복 중에 있었습니다.

나이는 어려도 배불러서 아이를 낳으면 엄마가 되나 봅니다.

하루에 반은 정신이 나갔다가 나머지 반은 정신이 돌아오는 이슬이가 어느 날 통곡하며 마음을 털어놓았습니다.

"선생님, 저는 왜 이렇게 살아야 해요? 나도 다른 아이들처럼 교복 입고 학교 다니고 싶어요.

공부는 못해도 그냥 평범하게 살고 싶어요.

나도 사랑받는 딸로 살고 싶다고요.

내가 뭘 잘못한 거예요?

엄마처럼 살고 싶지 않았고, 절대 그렇게 살지 않겠다고 결심하고 또 결심했는데…

아… 씨X… 엄마처럼 살고 있잖아요."

"네 잘못이 아니야… 어른들이 미안해….

부모 역할을 잘 배운 엄마를 만났더라면 이슬이가 원하는 것처럼 평범하게 살고 있을 거야.

친구들과 떡볶이 먹고, 수다도 떨고, 노래방 가서 소리 높여 신나게 노래도 부르고, 진로를 고민하고, 때때로 엄마와 옥신각신하기도 하겠지만…

그래도 따뜻한 엄마의 보살핌을 받으며 살고 있겠지.

사람은 누구나 실수를 해.

너도, 너희 엄마도 실수한 거고, 잘 배우지 못한 거지.
중요한 건 실수를 통해 배우고 조금씩이라도 변화된 삶을 살기 위해 노력하는 거 아닐까?"

실수할 용기도
실수를 통해 배울 용기도
모두 내 안에 있습니다.

7.
같은 이름은 있지만
같은 삶은 없지

우리가 습관적으로 하는 일들이 우리가 어떤 사람인지를 결정한다.
완벽이란 한 번의 행위가 아니라 일종의 습관이다.

—아리스토텔레스

7일차〉
이름값 하며 살기

우리 가족의 이름에는 어떤 의미가 있나요?

가족의 이름	의미

꽃들에는 꽃말이 있습니다.
아네모네, '나는 당신을 사랑합니다'.
장미, '수줍음'.
진달래, '절제'.

꽃보다 아름다운 여러분의 이름에는, 그리고 우리 자녀들의 이름에는 어떤 의미가 담겨 있나요?

"선생님~ 엄마들은 기분이 좋을 때만 이름을 불러요. 화나면 그냥 '야~!'라고 하면서…
이름은 왜 지어요? 그냥 '김 야'… '박 야'… '이 야'…라고 하지."

현장에서 만난 아이들의 목소리입니다.

"네 이름은 어떤 의미가 있어?"
"모르는데요…."

생각보다 많은 아이들이 자신의 이름에 담긴 뜻을 모른 채 살고 있습니다.
부모가 이름 지으려고 얼마나 고민을 하며 헤매고 다녔는데 말이에요.
살다 보면 때때로 우리는 방향을 잃어버립니다.
그럴 때 내 이름을 가만히 불러 보세요.

어쩌면 그 이름에 답이 있을지도 모르니까요.

염. 은. 희.
恩 은혜, 고마움, 인정, 사랑.
喜 기쁘다, 즐겁다, 좋아하다, 즐기다.

'염려하지 마. 은혜롭고 기쁜 삶이 준비되어 있어!'

이름값 하며 살아요.

8.
지금 이 순간을
좋아하는 것부터 시작해

살아 있다는 건 참 멋진 것 같아.

- 루시 몽고메리 《빨강머리 앤》

8일차〉
좋아하는 것

내가 좋아하는 것을 생각나는 대로 적어 보세요.

1.
2.
3.
4.
5.
6.
7.
8.
9.
10.

새롭게 알게 된 것, 깨달은 것이 있나요?

엄마와 함께하는 놀이 수업 시간…

아주 특별한 기운이 뿜어져 나오는 7살 재영(가명)이가 엄마 손을 뿌리치고 소리를 지르며 들어옵니다.

놀이가 시작되었고, 엄마와 아이가 마주 앉아 참여하는데 어찌된 일인지 재영이는 자기만의 세상을 즐기느라 전혀 관심을 보이지 않았습니다.

엄마의 표정은 점점 어두워졌고, 틈을 노려 아이를 데리고 곧 나갈 것처럼 보였습니다.

"어머니~ 저랑 짝꿍해요. 마음 불편하시죠? 조금만 기다려 봐요."
"엄마하고 왼손 악수를 하고 서로 좋아하는 걸 하나씩 말해 주는 거예요."

제가 재영이의 엄마와 활동을 시작하자 재영이는 잠시 우리를 바라보더니 달려와 제 옆에 앉아서,
"내가 할 거야. 엄마 뭐 좋아해?"
"엄마는 네가 가만히 있는 거!"
"난 노는 게 좋은데~ …엄마는 뭐 좋아해?"
"엄마는 네가 제발 엄마 말 좀 잘 들었으면 좋겠어."
"아~ 난 엄마 말 안 듣는 게 좋아. 엄마는 뭘 좋아해?"
"너랑 안 해. 네 마음대로 해."
"엄~ 마~!
나는 엄마를 좋아한다고!"

"그럼 엄마 말을 잘 들어야지!"

엄마의 말이 채 끝나기도 전에 재영이는 갑자기 엄마를 와락 껴안더니,

"나는 엄마를 좋아해. 엄마가 이렇게 안아 주는 거 좋아해. 동생만 사랑하지 말고 나도 사랑한다고 말해 주면 좋겠어. 동생한테만 웃어 주지 말고 나한테도 웃어 주면 좋겠어."

울부짖는 재영이를 품에 안고 잠깐 당황했던 어머니도 이내 눈물을 쏟고 말았습니다.

재영이가 듣고 싶었던 이야기는 아마도 이런 것이겠지요.
"엄마는 재영이를 좋아해."

엄마가 되면서 우리는 내가 뭘 좋아하는지 잊고 삽니다.
심지어 내 아이의 존재, 내 아이의 마음까지도….
세상에서 가장 소중하고, 무엇과도 바꿀 수 없고, 절대 포기할 수 없는 내 아이인데 마음과는 다른 말과 행동을 쏟아 낼 때가 있습니다.

가진 것만 줄 수 있습니다.
텅 빈 마음으로 책임과 역할에만 몰두할 때 우리는 지치고 흔들립니다.

인생이 늘 즐겁고
매 순간 좋아하는 것만 하면서 살 수는 없습니다.

그런데 즐거운 순간을 놓치지 않고
때때로 좋아하는 것도 하면서 살 수는 있을 것 같습니다.

엄마가 좋아하는 노래 한 곡 정도?
음식 하나 정도?
친구 한 명 정도?
좋아하는 책 한 권 정도?
아이들에게 말해 주세요.
좋아하는 것을 말하고 기억하는 것으로도 우리는 잘 연결될 것입니다.
그리고 타인에 대한 작은 관심이 격려이고, 용기임을 알게 될 것입니다.

9.
'때문에'를 '덕분에'로 바꿀 때 일어나는 일

사람이 얼마나 행복한가는 그의 감사의 깊이에 달려 있다.

-존 밀러

9일차〉
감사

떠오르는 감사를 적어 보세요.

1.
2.
3.
4.
5.
6.
7.
8.
9.
10.

새롭게 알게 된 것, 깨달은 것이 있나요?

결혼과 동시에 내리막길은 보이지 않고 오르막길과 벼랑 끝만 있는 듯했습니다.

숨이 턱까지 차올라 더 이상 오를 수 없을 때,
더 이상 발 디딜 곳 없어 그만둘까 하며 포기하고 싶을 때,
왜 나만 이렇게 힘든 인생을 살아야 하냐고 불평하고 싶을 때,
나만 작고 초라해서 웅장하고 화려해 보이는 사람들이 미워지려고 할 때.

오르막길도 걸어 보자고…
벼랑 끝이 아니라 새로운 길의 시작일지도 모른다고…
걷다 보면 걸어지겠지….

'때문에'를 '덕분에'로 바꿀 수 있도록 도와준 것은 다름 아닌 '감사 일기'였습니다.

우리 모두는 코로나 덕분에 당연한 건 없다는 걸 배우고 있습니다.
반복되는 일상에서 매일 감사를 찾는 일은 네잎 클로버를 찾는 일만큼이나 어렵습니다.
16년 동안 혼자서 쓰던 감사 일기를 코로나가 시작되면서 매일 저녁 8시 30분, 엄마와 전화로 하루에 3개씩 나누었습니다.
엄마는 마치 보물찾기를 하듯 하루를 샅샅이 뒤져 가며 3가지를 채우셨고 당신의 감사를 찾는 것보다 딸의 감사 이야기를 듣는 그

시간을 행복해하셨습니다.

　상황은 바꿀 수 없습니다.
　그런데 상황에 대한 해석은 얼마든지 바꿀 수 있습니다.

　"누구 때문에 내 인생을 망쳤어. 짜증나."
　"누구 덕분에 나는 인생을 배웠어. 감사해."

　감사하는 마음이 많을수록 행복감과 일상의 성과를 높일 수 있습니다.

10.
인생의 파이는
한 조각이 아니야

비관주의자는 모든 기회 속에서 고난을 찾아낸다.
하지만 낙관주의자는 모든 고난 속에서 기회를 찾아낸다.

-윈스턴 처칠

#10일차〉
내 인생의 파이

내가 가진 것을 파이 조각에 적어 보세요.
(조각을 더 작게 나누어 채우셔도 됩니다.)

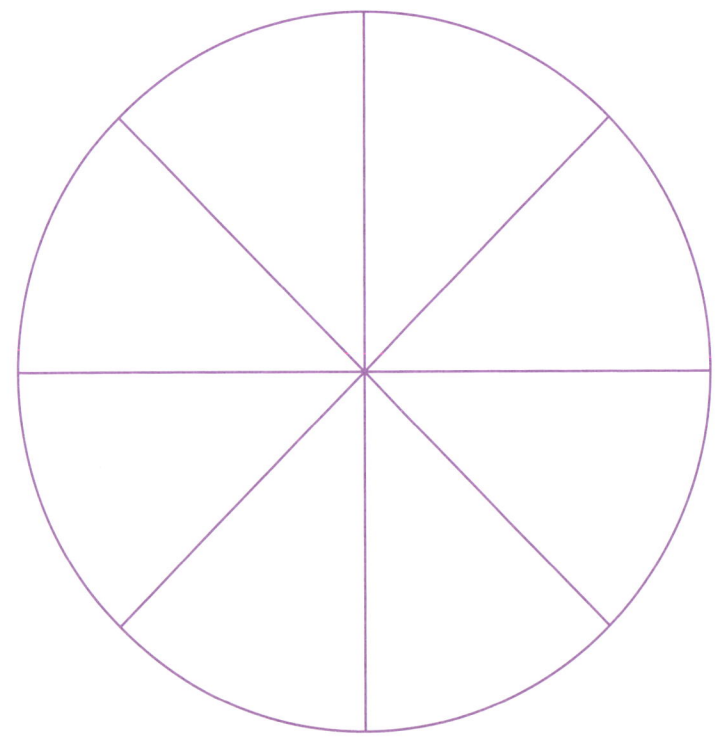

새롭게 알게 된 것, 깨달은 것이 있나요?

건강을 잃은 사람들은 '나는 다 잃었어',
일자리를 잃은 사람들은 '나는 다 잃었어',
돈을 잃은 사람들은 '나는 다 잃었어',
사랑하는 사람을 잃은 사람들은 '나는 다 잃었어'
라고 말합니다.
하지만 그건 인생의 파이 조각 중 하나의 조각을 잃은 것이고, 잃어버린 파이 조각을 영원히 채울 수 없는 것은 아니라는 생각이 듭니다.
잃어버린 파이 한 조각에 영혼을 쏟아부을 것인지, 남아 있는 파이를 잘 돌보고 감사하며 살 것인지 우리는 선택할 수 있습니다.

결혼을 앞둔 어느 늦은 밤…
동생이 잠깐 만나고 싶어 했고 저는 내일 만나자고 미루었습니다.
그것이 동생과의 마지막이라는 걸 알았더라면….
가족을 잃은 파이 한 조각은 오랫동안 저를 괴롭혔고, 돌이킬 수 없는 죄책감에 갇혀 일상을 살아가기가 너무 힘겨웠습니다.
그러다 우연한 기회에 파이 한 조각을 잃고 자신과 세상과 단절되어 살아가는 사람들을 만나게 되었고, 그들의 이야기를 들어 주고, 함께 울어 주고, 안아 주며, 도울 수 있었습니다.
그들과 함께 지내며 몇 번의 계절이 바뀌었고 그제야 깨달았습니다.
내가 도운 게 아니라 내가 도움받고 있었다는 걸….
살면서 만난 가장 크고 아름다운 세상이었고, 의미 있는 시간이었습니다.

우리는 겪지 않으면 알지 못하고, 깨닫지 못합니다.
 파이를 잃어버릴까 봐 두려워하기보다 파이를 잃어버린 나를 위로하고 타인을 공감하고 격려하는 용기를 배워 가면 좋겠습니다.

11.
같은 공간에 머물면 연결될 거라는 착각

사람들의 말마따나 사랑은 모든 것이다.
그렇기에 사랑을 위한 투쟁도, 사랑을 위한 용기도, 사랑을 위해
감수하는 모든 위험도 조금도 아깝지 않다.

—에리카 종

11일차〉
동상이몽

문장을 완성해 보세요.

1. 가족은

2. 나는

3. 자녀1은

4. 자녀2는

5. 자녀3은

6. 어머니는

7. 아버지는

8. 배우자는

9. 여자는

10. 남자는

11. 결혼은

12. 인생은

새롭게 알게 된 것, 깨달은 것이 있나요?

청년들과 부모에 대한 이야기를 나누던 중,
"부모님의 어떤 모습이 너희를 힘들게 하니?"
"희생하는 거요."
"희생하고 공치사하는 거요."
"아니… 그냥 자기들이 잘 살면 되지. 왜 우리한테 기대를 하고 혼자 실망하고 억울해하고 그러는지 모르겠어요."

《아낌없이 주는 나무》라는 책에서 나무는 매번 자신이 가진 최고의 것을 아무런 조건 없이 내어 주면서 '나무는 그저 행복했습니다…'라고 이야기합니다.

때때로 자녀에 대한 부모의 사랑을 이야기할 때 이 '아낌없이 주는 나무'에 비유하곤 합니다.

하지만 우린 나무가 아닙니다. 그래서 그저 행복할 수만은 없습니다.

관계는 '주고받음'이 균형 있게 이루어져야 합니다.

무엇을 주고받아야 할까요?

바로 '마음'입니다.

'가족이라 쓰고 스트레스라고 읽는다'
'가족 같은 타인'
'아는 건 별로 없지만 가족입니다'
'가족이라는 착각'

어쩌다 가족이 되었지만 역시나 가족이 되기 위해 나와 너, 우리의 이야기가 공유되고 공감되어야 합니다.
　우리는 모두 누군가의 기대를 채워 주려고 태어나지 않았습니다.
　부모라는 이유로 희생하고 강요하며 기대하기보다
　사랑을 느끼게 하고 함께 고민하고 해결하며 기다려 준다면…
　이런 것들을 위해 상호 존중하는 대화를 나눌 수 있다면…
　서로 다른 꿈을 꾸며 상처를 주고받을 일은 좀 줄어들지 않을까요?

　아는 것이 힘이 될 때가 있지만
　아는 것이 독이 될 때도 있습니다.
　사람의 마음이 그렇습니다.
　같은 상황이어도 같은 사람이어도 마음은 언제나 다를 수 있고, 달라질 수 있으니까요

　판단하지 말고 물어 주세요.
　지시하지 말고 요청해 주세요.
　비난하지 말고 감정을 표현해 주세요.
　기대하지 말고 기다려 주세요.
　해결하지 말고 공감해 주세요.

　우리 아이들이 우리를 보며 꿈을 꿀 수 있도록.

　'엄마 같은 어른 되어야지.'
　'엄마 같은 엄마 되고 싶다.'

12.
살아 보고 싶은
마음을 주는 힘

누구의 인생이든 절정기가 있게 마련이고, 그 절정기의 대부분은
누군가의 격려를 통해 찾아온다.

- 조지 애덤스

12일차〉
격려

칭찬은 고래를 춤추게 하지만
격려는 춤출 수 있는 용기를 줍니다.
어떤 격려의 말을 들어 보셨나요?
어떤 격려의 말을 듣고 싶으신가요?

1.
2.
3.
4.
5.
6.
7.
8.
9.
10.

새롭게 알게 된 것, 깨달은 것이 있나요?

가정이나 학교에서 혹은 다양한 공동체 안에서
'문제 아이'라는 꼬리표를 달고 살아가는 아이들을 만납니다.
이들은 어른들의 기준에 미치지 못하고, 비정상적으로 행동하는 게 아니라 어른들의 관심과 사랑이 절실히 필요한 경우가 대부분입니다.
비교와 경쟁에 익숙한 우리 사회는 칭찬과 보상을 쏟아 내며 아이들을 평가하고 몰아붙입니다.

"이번 시험 잘 보면 게임기 사 줄게."
"사이좋게 지내면 장난감 사 줄게."
"대학만 가. 그럼 네가 원하는 거 다 해 줄게."
"숙제 해 온 사람은 스티커 5장!"
"다 너를 위하는 거잖아."

언제까지 이런 칭찬과 보상으로 아이들을 움직일 수 있을까요?
나를 움직이는 힘은 내 안에 있어야 합니다.

'왜 대학을 가야 하지? 대학이 나에게 어떤 의미가 있지?'
'하고 싶은 걸 미루고 시험 준비를 하는 건 왜 중요하지?'
'내가 정말 하고 싶고, 좋아하는 건 뭘까?'
'왜 사이좋게 지내야 하지?'
'숙제는 왜 해야 하지?'

나를 움직이게 하는 작은 용기

'해 볼까?'
'해 보고 싶다.'

그것이 격려의 힘입니다.
칭찬에 칭찬받을 자격이 뒷받침되어야 한다면, 격려는 있는 그대로를 수용받고, 존중받으며 나의 시간을 기다려 주는 것입니다.
칭찬은 위에서 아래로 흘러가지만 격려는 곁으로 흘러갑니다.

"아버님~ 올해 고구마 농사를 아주 잘 지으셨네요. 내년에는 감자도 한번 잘해 보세요.
감자 농사도 잘하시면 제가 10만 원 용돈 드릴게요."

"아버님~ 수고 많으셨어요. 올해 날씨도 너무 더웠는데…
아버님 덕분에 올해도 맛있는 고구마를 실컷 먹겠어요. 감사합니다."

"이번 시험도 백 점을 맞았네. 역시 우리 아들(딸)은 천재인 것 같다.
다음 시험에도 백 점 알지? 최고다, 최고~
다음 시험도 전 과목 백 점 맞으면 최신 폰으로 바꿔 줄게."

"늦게까지 공부하는 거 봤는데… 축하해.
아들(딸)은 기분이 어때? 잠도 못 자고, 좋아하는 게임도 참아 가면서… 수고했어."

 칭찬과 격려의 차이가 느껴지시나요?

 춤을 잘 추게 하는 게 어른의 역할이 아니라, 춤추다가 넘어지기도 하고, 내 마음처럼 몸이 흔들어지지 않을 때도 있다는 걸 경험하게 하는 것….
 그러니 아이들을 춤추게 하는 칭찬은 멈추고, 춤추고 싶은 마음이 들고, 잘되지 않아도 남과 비교하지 않고 좌절하지 않도록 격려해 주세요.

〈격려카드〉

수고했어
고마워
너를 보면 기분이 좋아
지금도 충분해
너는 도움이 되는 사람이야
너와 함께 있으면 행복해
너는 나의 에너지~
네가 자랑스러워
넌 사랑받고 있어
'NO'라고 말해도 괜찮아
네가 최선을 다하고 있다는 걸 알아
있는 그대로인 네가 좋아
네 말이 의미 있고 중요해
완벽한 사람은 없어
너를 이해해
네 생각대로 용기 있게 해 봐
널 믿어
너를 존경해
누구나 실수해
넌 나를 행복하게 해
너에게 배우고 있어
좋은 선택이야
정말 멋진 생각이야
축하해, 정말 잘 해냈어
사랑해

13.
누구도 엄마를
대신할 수 없어

온 마음을 다해 눈물 흘리는 방법을 모르는 사람이라면
진심으로 웃는 방법 역시 알지 못한다.

- 골다 메이어

13일차〉
엄마라는 직업

엄마의 역할 중에 잘하고 있는 것은 무엇인가요?

1.
2.
3.
4.
5.

엄마의 역할 중에 부족한 게 있다면 무엇인가요?

1.
2.
3.
4.
5

새롭게 알게 된 것, 깨달은 것이 있나요?

시장에서 보자기를 펴고 채소를 파는 할머니가 계셨습니다.

당근만을 단출하게 파는 할머니에게, 손님이 찾아왔습니다.

"할머니, 이 당근 하나에 얼마예요?"

"오백 원입니다."

손님은 생각보다 싸다고 생각했는지 다시 물었습니다.

"두 개는 얼마예요?"

"천 원이지요."

"세 개는 얼마예요?"

"천오백 원입니다."

"많이 사도 깎아 주질 않으시네요. 하지만 여기에 있는 당근을 모두 사면 좀 깎아 주실 거죠?"

할머니는 단호하게 말씀하셨습니다.

"전부는 절대로 팔지 않습니다."

"아니… 제가 전부 다 사 드리겠다는데 왜 안 파신다는 거예요?"

할머니는 조용하고 낮은 목소리로 대답하셨습니다.

"돈도 좋지만 저는 지금 하고 있는 일이 좋습니다. 나는 이 일과 이 시장을 사랑합니다.

활기차게 하루를 살아가는 시장 사람들을 사랑하고, 지나가는 사람들이 건네는 인사를 사랑하고, 가난한 주머니 사정 때문에 조금이라도 더 싸게 사려고 흥정하는 사람들의 모습을 사랑하고, 오후에 따스하게 내리쬐는 햇볕을 사랑합니다.

지금 당신이 당근을 몽땅 사겠다는 것은 이토록 사랑하는 나의 일과 나의 하루를 몽땅 빼앗아 가는 것과 같아요. 그래서 나는 이걸 몽땅 당신에게 팔 수 없는 거예요."

　나를 사랑한다는 건 내가 가진 걸 사랑하고 내가 하는 일을 사랑하는 것입니다.
　'어떤 일을 하느냐'가 그 사람을 말해 주는 것이 아니라
　'어떻게 일을 하느냐'가 그 사람을 말해 주니까요.
　나의 가치는 내가 정하는 만큼입니다.
　자녀의 성적, 남편의 연봉, 사회적 지위로 결정되는 것이 아닙니다.
　일자리가 없다고 하지만 여전히 우리는 나를 좀 더 그럴듯하게 포장해 줄 배경을 찾아 두리번거립니다. 나의 명함을 만들어 줄 화려하고 폼 나는 무대를 찾아서…
　무언가로 만들어진 '나'는 그것이 사라지면 제로가 됩니다.

　꿈도 많고 참으로 화려했던 우리들인데 누구의 엄마로 살아가느라 꿈도, 낭만도, 여유도 다 잃어버린 것 같습니다.
　그래서 때때로 외롭고, 슬프고, 쓸쓸해집니다.
　'나'라는 존재가 작아지고, 소리도 없이 사라져 버린 것 같은 기분이 들어서요.
　내가 없어진 게 아니라 또 다른 내가 생긴 거라 생각해 보세요.
　아이를 가만히 보고 있으면 내가 보이지 않나요?

　세상에 단 하나뿐인 명함… '엄마'….
　나의 가치를 새롭게 디자인해 주고

나를 날마다 업그레이드시켜 주는 단 하나의 이름… '엄마'….

엄마라는 이름엔 그 누구도 값을 매길 수 없습니다.

우리 아이들의 성공이 나의 수고를 빛나게 해 주기를 기대하지 말고, 나로 인해 우리 아이들의 삶이 빛나기를 기대하며 우리가 선택한 엄마의 일을 사랑하고 즐겨 보세요.

"난 다시 태어나도 엄마가 되고 싶어. 해 뜰 때 일어나 아이를 꼭 안아 주고, 하루 종일 아이들을 생각하며 아이들과 함께 신나는 하루를 보낼 거야."

꿈같은 이야기인 줄 알지만 그래서 오늘도 꿈을 꿉니다.

다시 태어나도 엄마가 되는 꿈을요…!

14.
난 네게 반했어

사랑은 타오르는 불길인 동시에 앞을 비추는 광명이라야 한다.
타오르는 사랑은 흔하다.
그러나 불길이 꺼지면 무엇에 의지할 것인가.
사랑은 마음과 정신, 생활면에 던지는 빛이 있어야 한다.

-바이어런

14일차〉
다시, 연애

연애 버킷 리스트를 적어 보세요.
(연애할 때 해 보고 싶었거나 이미 해 본 것이 있다면?)

1. _____
2. _____
3. _____
4. _____
5. _____
6. _____
7. _____
8. _____
9. _____
10. _____

새롭게 알게 된 것, 깨달은 것이 있나요?

연애를 시작하면 주변 사람들은 기가 막히게 알아차립니다.

일단 예뻐집니다.

실제로 예뻐 보이려고 가꾸기도 하지만 상대가 예쁘다는 말을 많이 해 줘서, 그 말이 씨가 되지 않았나 생각해 봅니다.

우리의 표정도, 발걸음도, 모든 신체가 전과는 다르게 반응하는 것 같습니다.

"오빠는 왜 안 먹어?"
"오빠는 너만 봐도 배불러."
"이 영화 보고 싶었잖아. 근데 왜 안 봐?"
"오빠는 너만 봐도 행복해."
"이 얘기 내가 언제 했나?"
"오빠는 천만 번도 들어 줄 수 있어."
"진짜 우리 팀장님 너무 스트레스야."
"오빠가 확~ 가서 혼내 줄까?"

연애할 때 오빠에게 받았던 종합 선물 세트가 있습니다.

눈을 바라보기
가만히 듣기
내 편 되어 주기

이런 연애를 하기는 했었나… 기억이 가물가물하시죠?

그럼 다시 시작해 볼까요?
육아 연애!

아이의 눈을 바라봐 주고,
아이의 말을 끊지 말고, 핀잔주지 말고, 끝까지 가만히 들어 주고,
남이 아닌 팀이 되어 온전히 아이의 편이 되어 주기.

"빨리 집에 가서 엄마한테 이야기해 주고 싶어요."
"엄마랑 같이 먹으면 뭐든 다 맛있어요."
"엄마랑 이야기를 나누면 그냥 살 것 같아요."
"엄마랑 같이 있으면 너무 편하죠."

엄마와 함께하는 시간으로 안전하고 심리적인 안정감을 느낀다면,
대한민국 금쪽이들은 당당하게 자신의 이름으로 살아갈 수 있을 것 같습니다.

다른 것이 만나 새로운 것을 만들고
다른 것이 닮아 가는 관계가 진짜 찐 연애, 찐 사랑입니다.

15.
한 번도 살아 보지 않은
새 날을 축하해

아이들을 대할 때 나는 두 가지 감정을 느낍니다.
지금의 모습에 대한 사랑과 앞으로의 모습에 대한 존경.

-야누슈 코르착

#15일차〉
0에서 시작하기

**나는 반드시/즉각적으로 (　　) 해야만 한다.
어떤 것들이 있을까요? 생각나는 것을 모두 적어 보세요.**

Ex) 사용한 물건은 반드시 즉시 정리해야 한다.
　　카톡을 읽으면 반드시 바로 답장을 해야 한다.
　　잘못을 하면 반드시 처벌을 받아야 한다.

1.
2.
3.
4.
5.
6.
7.
8.
9.
10.

새롭게 알게 된 것, 깨달은 것이 있나요?

"아무리 열심히 해도 엄마의 기대를 채울 수가 없어요."
"맨날 더 잘하라고만 해요."
"우리보고는 맨날 불평하지 말고 만족하라고 하면서 우리 엄마는 제 성적에 만족을 안 해요."
"처음에는 이만큼만 해도 된다더니 점점 욕심이 커지는 엄마를 보면 아무것도 하고 싶지 않아요."
"엄마는 제가 자판기인 줄 아나 봐요. 누르면 나오는…."
"죽을힘을 다해 열심히 하면 이왕 하는 거 즐기면서 하라고 하고, 즐기면서 게임을 하면 열심히 좀 살지 게임만 한다고 하고…."

두 부류의 엄마가 있습니다.
실수를 통해 배우고 성장하는 엄마,
실수를 반복하며 자녀의 성장을 방해하는 엄마.

작은 변화에도 감동하고 환호하며 감사했던 때가 있었습니다.
눈을 맞추며 버둥거리던 아이가 뒤집기를 했을 때,
울음과 웃음소리만 내던 아이가 옹알이라는 언어로 소통을 시작할 때,
허리에 힘을 주고 앉는가 싶더니 두 다리로 짱짱하게 섰을 때,
넘어지기를 반복하던 아이가 균형 있게 걸을 때.

그런데 이런 것들이 가능해진 다음 우리의 반응은 어떻게 달라졌을까요?

'이건 당연하고… 이 정도는 해야지!'

　매일 아이가 새로 태어난다고 생각해 보세요.
　우리에게도 아이들에게도 오늘은 한 번도 살아 보지 않은 새 날입니다.
　그러니 실수하는 게 당연하고 실수가 자연스러운 거지요.
　일부러 안 하는 게 아니라 못 하는 거라면 지금 우리가 던지는 비난의 돌멩이는 아이를 변화시키기는커녕 서서히 아이를 멀어지게 하고 병들게 만들 수도 있습니다.
　매 순간 처음인 것처럼 마음껏 궁금해하고 실수하며 배울 수 있도록 긴 호흡으로 기다려 주면 좋겠습니다.

16.
불편한 날들이여
이제는 안녕

우리가 변한다고 상황이 더 나아질 거라고 말할 수는 없습니다.
제가 말할 수 있는 건 더 나아지고 싶다면
변화해야 한다는 것입니다.

-게오르크 리히텐베르크

#16일차〉
생각 감정 행동

어린 시절의 한 장면을 떠올려 보세요.

1. 무슨 일이 있었나요?
___

2. 어떤 생각이 들었나요?
___

3. 어떤 감정이 들었나요?
___

4. 그 일로 인해 나에 대해, 타인에 대해, 세상에 대해 어떤 생각을 하게 되었나요?
___

새롭게 알게 된 것, 깨달은 것이 있나요?

요즘 나를 힘들게 하는 장면을 떠올려 보세요.

1. 무슨 일이 있었나요?
_____
_____

2. 어떤 생각이 들었나요?
_____
_____

3. 어떤 감정이 들었나요?
_____
_____

4. 그 일로 인해 나에 대해, 타인에 대해, 세상에 대해 어떤 생각을 하게 되었나요?
_____
_____

5. 어린 시절의 기억과 공통점이 있나요?
   혹은 어린 시절의 기억이 지금의 나에게 어떤 영향을 주었나요?
_____
_____

새롭게 알게 된 것, 깨달은 것이 있나요?

_____

"어릴 때 눈물이 많고, 울음 끝이 길었대요. 한번 울면 그칠 줄 모르고 반나절도 울었다고 하시더라고요.

출근하시는 아빠는 그런 저에게 큰소리로 야단을 치셨어요.

'아침부터 재수 없게 운다'고….

그리고 밤에 들어오셔서 또 야단을 치셨어요.

'네가 울어서 오늘 일을 다 망쳤다고… 다 너 때문'이라고….

그런데 울음을 멈추는 게 마음처럼 되지 않았어요.

그리고 제가 다섯 살 때 동생이 태어났어요. 그런데 동생은 뭔가 좀 이상했어요.

어느 날 술에 잔뜩 취하신 아빠가 들어오셔서 저에게 원망 가득한 목소리로 울부짖으셨어요.

'네가 맨날 울고 지랄을 하니까 저런 동생이 태어났지!'라고…

그때부터 제 눈물이 멈췄어요. 어른이 되어서도 저는 절대 울지 않아요.

일찍 결혼을 해서 집을 떠나고 싶었어요.

좋은 남편을 만났고 저도 아이 엄마가 되었어요.

그런데 제 아이의 울음소리를 들으면 미칠 것만 같아요.

나쁜 일이 생길 것처럼 불안하고, 우는 아이가 원망스러워서 화가 나요. 우는 아이를 달래 줘야 한다는 걸 머리로는 알겠는데 제 마음과 몸이 전혀 다른 방향으로 반응을 해요."

여러분은 어른으로 잘 살아가고 있나요?

나이는 먹고, 몸은 자랐는데 여전히 어린 나를 붙잡고 어른 아이로 살고 있지는 않나요? 어른이 되지 못한 채 살아가고 있지는 않나요?

  어른이 어른답지 못하고
  어른다움을 보여 주지 못하면
  어른 없는 사회가 됩니다.

  어린 시절 나의 생각, 감정, 행동 패턴을 알아차려야 합니다.
  그리고 수정해야 합니다.
  커피를 주문하고 홍차가 나오기를 기다리는 건 어리석은 행동이니까요.

  반복된 패턴은 신념으로 굳어져서 쉽게 알아차리기도 어렵고, 바꾸기는 더더욱 어렵습니다. 평생 왼손잡이였던 사람이 갑자기 오른손을 사용하는 게 어려운 것처럼요.

  상황을 떠올려 보고 반복해서 질문해 보세요.

  무슨 일이 있었니?
  그때 무슨 생각, 감정이 들었고, 어떻게 행동했니?
  나에게 어떤 영향을 주었니?
  생각을 바꾸어 본다면 어떻게 할 수 있을까?
  다르게 해석할 수 있을까?

  경험이 중요하지만 경험을 어떻게 해석하느냐는 더 중요합니다.

〈어린 시절의 나〉
상황: 아침에 눈을 뜨면 울다가 아빠께 야단을 맞았다.
생각: '나는 나쁜 아이다. 아빠는 무섭다.'
감정: 죄책감이 드는, 부끄러운, 겁이 나는
행동: 이불 속에서 숨죽여 울었다.

〈어른이 된 나〉
상황: 아이가 눈을 뜨면 운다.
생각: '나쁜 일이 생길 거야. 왠지 불길해.'
감정: 불안한, 화가 나는
행동: 아이에게 소리를 지른다. 심지어 벌을 주거나 때리기도 한다.

〈새로운 나〉
상황: 아이가 눈을 뜨면 운다.
생각: '무서운 꿈을 꿨나? 뭐가 불편한가?'
감정: 궁금한, 걱정되는
행동: 아이가 진정될 때까지 안아 준다. 왜 그런지 필요한 게 무엇인지 물어본다. 기다려 준다.

새롭게 자신을 만나 보세요.
요즘 나를 힘들게 하는 장면을 떠올려 보세요.

1. 무슨 일이 있었나요?

2. 어떤 생각이 들었나요?

3. 어떤 감정이 들었나요?

4. 그 일로 인해 나에 대해, 타인에 대해, 세상에 대해 어떤 생각을 하게 되었나요?

무엇이 달라졌나요?

새롭게 알게 된 것, 깨달은 것이 있나요?

17.
눈으로만 보지 않고
마음으로 바라볼 수 있을 때
어른이 되는 거야

아이는 젖으로만 자라는 것이 아니라 공감으로 자란다.
그러므로 공감은 있으면 좋은 것이 아니라 없으면 안 되는 것이다.

-하인즈 코헛

17일차
공감

누군가를 알아 가는 것은 의미가 있습니다. 아는 만큼 깊이 이해할 수 있기 때문이지요. 사회적 관심은 많은 부분 개인의 문제를 해결하는 데 도움이 됩니다. 우리가 가장 먼저 관심을 가지고 잘 알아야 하는 사람은 바로 '나'입니다. 나에게 묻고 대답해 주세요.

1. 가장 좋아하는 음식은 무엇입니까?
2. 당신이 받은 최고의 선물은 무엇입니까?
3. 모든 조건이 허락된다면 가장 먼저 하고 싶은 일은 무엇인가요?
4. 스스로 결정한 일 중에 뿌듯하고 자랑스러운 일은 무엇인가요?
5. 당신의 인생 이야기에 제목을 지어 준다면 무엇입니까?
6. 당신을 살아가게 하는 힘은 무엇입니까?
7. 좋아하는 노래는 무엇입니까?
8. 당신의 인생 책, 인생 영화는 무엇입니까?
9. 자기 전에 마지막으로 하는 일은 무엇입니까?
10. 당신을 가장 잘 알고 이해해 주는 사람은 누구입니까?
11. 당신이 가장 듣고 싶은 말은 무엇입니까?
12. 기억에 남는 여행지는 어디입니까?
13. 가장 가까운 사람도 모르는 나의 비밀은 무엇입니까?
14. 인생의 터닝 포인트가 됐던 해는 언제이며 무슨 일이 있었습니까?
15. 지금 당장 해결해야 하는 문제가 있다면 무엇입니까?

새롭게 알게 된 것, 깨달은 것이 있나요?

눈으로만 보지 않고 마음으로 바라볼 수 있을 때 어른이 되는 거야

"엄마 말 들으라고 했니, 안 했니? 잘했어, 아주 그냥… 네 맘대로 해."
"네가 공부 안 해서 떨어진 걸 가지고 왜 성깔이야?"
"괜찮아, 그게 뭐가 그렇게 중요하다고… 신경 쓰지 말고, 너는 네 일에 집중해."
"뭐가 아프다고 엄살이야? 그 정도로 안 죽어."
"너만 힘든 줄 알아? 세상에 공부하는 게 제일 쉬워. 엄마랑 바꾸든지…."
"하고 싶은 걸 어떻게 다 하고 살아? 정신이 있는 거야, 없는 거야? 두 번 다시 말도 꺼내지 마."
"그게 울 일이야? 그렇게 마음이 여려서 어떻게 살 거야? 눈물 닦고 마음 강하게 먹어."

틀린 말은 아닌데 마음도 관계도 뒤틀리는 것 같습니다.

현재를 살아가고 있는 아이들의 시대는 감히 상실의 시대라고 할 수 있겠습니다.
희망이 없고,
일자리가 없고,
갈 곳이 없고,
친구가 없고,
자유가 없고,
능력이 없고,
꿈도 없고,

하고 싶은 의욕도 없고,
생각이 없고,
이런 것들이 없으므로 힘들고, 답답한데 어른들로부터는 공감받지 못하는 세대…

"조금만 더 참고 견뎌 봐."
"조금 더 열심히 해야지."

절대적으로 필요한 공감은 없고 '조금 더'만을 강요하고 강조하는 어른들을 보며 아이들은 어떤 생각이 들까요?
누구도 내 문제를 대신하거나 해결해 줄 수 없습니다.
부모라고 다르지 않습니다.

우리에게 필요한 건 가르치는 사람이 아니라 마음을 묻고 들어 주는 사람입니다.
섣부른 도움보다 도움을 요청할 때 기꺼이 손을 잡아 주는 사람입니다.
문제를 해결해 주기보다 문제를 해결해 볼 수 있도록 안내하고 기다려 주는 사람입니다.

부모 자녀 관계는 지금 이 순간 서로를 대하는 방식을 결정할 뿐만 아니라 어른으로, 한 사람으로 성숙하게 성장하기 위한 기초가 됩니다.

청소년 범죄는 날로 잔혹해지고 수법도 다양하며 심각성을 더해 가고 있습니다.

문제는 공감 능력의 부족입니다.

"저 공감이라는 걸 받아 본 경험이 없어요. 그래도 할 수 있을까요?"

내 마음을 아프게 하는 일은 타인의 마음도 아프게 할 수 있습니다.
그래서 내 마음을 먼저 돌보고, 물어보고, 들어 주는 공감의 훈련이 필요합니다.
머리로 이해하려고 하기보다 가슴으로 느껴 보세요.

"그럴 수도 있지."
"그럴 만한 이유가 있었네."
"지금 마음은 어떨까…."
"그래서 그랬구나."

아이들을 변화시키고 싶다면 그 시작은 공감이어야 합니다.

18.
나에게 남은 시간은
얼마나 될까

그대는 인생을 사랑하는가.
그렇다면 시간을 낭비하지 말게.
인생은 시간으로 되어 있으니까.

-프랭클린

18일차〉
3일밖에

인생의 남은 날이 3일밖에 되지 않는다면 3일 동안 무엇을 하시겠습니까? 구체적으로 적어 보세요.

1일차
___
___

2일차
___
___

3일차
___
___

> 새롭게 알게 된 것, 깨달은 것이 있나요?

___
___

10여 년 전 아침에 눈을 떴는데 머리가 깨질 것처럼 아프고 어지러워 침대에서 꼼짝을 할 수 없었습니다.

가만히 누워 있어도 하늘이 빙빙 도는 며칠을 보내고 대학병원에 입원하여 정밀 검사를 받았습니다.

'뇌동맥류'

"지금은 사이즈가 작아서 크게 염려는 되지 않지만 항상 조심해야 해요.
이건 언제 터질 지 모르는 시한폭탄이에요. 아주 무서운 놈이죠.
절대 스트레스받으면 안 돼요. 스트레스가 제일 나빠요.
계속 정기적으로 검사를 받으면서 지켜봅시다."

당장 죽는 것도 아니라는데 그 순간 얼마나 무섭고 서럽던지….

전국을 다니다 보면 위험천만한 사건 사고들이 눈앞에 펼쳐지기도 하고, 다양한 사람들을 만나다 보니 갑작스럽고 기가 막힌 소식도 자주 듣게 됩니다.

빡빡한 스케줄에 늘 잠이 부족하고, 장거리를 다니다 보니 졸음운전은 오랜 습관이 되어 버렸습니다.

그러나 그날 이후 달라졌습니다.

아니, 달라지기로 결심했습니다.

'언제 어디서든 잠이 오면 일단 차를 멈추고 잘 것.'

새벽에 문을 열고 나가면서
'어쩜 돌아오지 못할 수도 있겠구나…'

늦은 밤, 때때로 새벽에 문을 열고 들어오면서
'살아서 돌아왔구나…'

이렇게 매일 하루씩만 살아가고 있습니다.
언제 터질 지 모르는 시한폭탄을 걱정하고 두려워하기보다 살아있는 오늘을 열심히, 신나게, 그리고 의미 있게 살아 보자고….
매일 마이크를 잡으면서 이게 내 인생의 마지막 강의라고 생각하니 더 최선을 다하게 되었고, 아이들과 마주하는 시간이 마지막이라고 생각하니 좀 더 너그럽게 온 마음을 다해 함께하는 시간을 누릴 수 있었습니다.

우리에게 남은 시간은 아무도 알 수 없습니다.
하지만 주어진 시간을 어떻게 살고 싶은지, 어떻게 사는 것이 좋은지 잘 알고 있습니다.
좋은 죽음을 생각하면 좋은 삶에 대해서도 잘 알게 된다고 합니다.

어느 날 문득 아들이 제게 물었습니다.
"엄마, 만약에 말이야. 생각하기도 힘들지만…
만약에 할머니가 돌아가시면 엄마는 어떤 생각이나 감정이 제일 먼저 들 것 같아?"

"글쎄… 생각해 보지 않았는데…
제일 먼저 드는 마음은 '슬프다'… 생각은 '더 많이 함께할 걸'…."
"그렇구나. 엄마 나는~ …물론 슬픈 건 당연한데…
엄마가 먼저 떠나면 제일 먼저 드는 생각은 '행복했다'…일 것 같아.
나는 엄마랑 살면서 행복했어.
지금도 행복하고…."

나의 장례식에서 두 아이에게 듣고 싶은 말이 있습니다.
"엄마와 함께한 시간은 너무 행복했어.
우리 엄마로 살아 줘서 고마워.
엄마가 차려 준 밥상이 많이 그리울 거야.
그리고 인생이 얼마나 아름다운지 엄마를 통해 배웠어. 엄마 고마워.
엄마의 딸로, 아들로 제대로 잘 살아 볼게. 사랑해."

내 인생에서 가장 짧은 시간이 남는다고 하면 가장 소중한 사람과 시간을 보낼 것 같습니다.
나 자신이든… 가족이든… 친구든…
삶을 정리할 수 있는 시간이 주어진다면 더할 나위 없겠지만….
한치 앞도 내다볼 수 없는 인생…
미루지 말고, 숨기지 말고 지금부터 시작해 보세요.

19.
다시 시작하는 나에게

스스로를 돕지 않고는 진정으로 다른 사람을 도울 수 없다.
이 사실이야말로 우리의 삶이 주는 가장 아름다운 대가 중 하나다.

-랄프 왈도 에머슨

19일차〉
가족대화훈련

나의 이름을 부르며 나에게 하고 싶은 말을 적어 보세요.

(   ) 야/아,
(   ) 야/아,
(   ) 야/아,
(   ) 야/아,
(   ) 야/아,
(   ) 야/아,
(   ) 야/아,
(   ) 야/아,
(   ) 야/아,
(   ) 야/아,
(   ) 야/아,
(   ) 야/아,

적은 내용을 소리 내서 읽어 보세요.

새롭게 알게 된 것, 깨달은 것이 있나요?

〈4회기로 진행되는 '가족대화훈련'을 마치고 가족들에게 전한 아버님의 마음입니다〉

  엄마와 아빠의 다툼 속에서 많은 상처를 받고 있었구나.
  그 상처는 당연히 가족이니까 이해해 줄 거라 가볍게 여기며 지금까지 살고 있었다.
  미안하다는 말 한마디 하지 않고 스스로 이겨 낼 거라 바라며 살아온 못난 아버지를 이제라도 용서해 주렴.
  얼마나 무섭고 두려웠을까….
  정말 미안하다.

  나의 어린 시절의 가족은 각자의 삶에 충실했고, 서로에게 피해가 되지 않으려고 말수를 줄이고, 모든 것들을 스스로 해결하고, 앞만 보고 살았단다.
  나의 가정을 꾸리고 살고 있는 지금 무엇이 더 나아졌나 돌아보니 부끄럽구나.
  열심히만 하면 되는 줄 알았는데 가족 안에서의 나는 늘 지치고 힘든 모습이었다.

  이런 나의 모습을 인정하고 고백하는 게 많이 불편하고 어색했는데 첫날부터 나는 눈물을 쏟고 말았다.
  '나만 힘든 게 아니었구나.
  가족 모두 입을 다물고 있었을 뿐, 똑같이 상처를 받았고 그 상처

를 안고 살고 있었구나.'

  사랑하는 가족들이 왜 힘들고 괴로운지
  서로에게 무엇을 바라는지
  마음을 어떻게 표현해야 하는지 알게 되었던 고맙고 소중한 시간이었다.

  상처 속에서도 남편으로 아빠로 인정해 주고 살아 준 우리 가족들에게 너무 고맙고 또 고맙다.

  우리 가족 정말 사랑해.
  아빠가 더 많이 노력할게.

20.
엄마의 손을
절대 놓을 수 없는 아이

사랑은 상대를 위해 무언가를 포기하는 것이 아니라
무언가를 해내는 것입니다.

· 〈괜찮아 사랑이야〉 중에서

20일차〉
가족대화훈련

평소 아이들에게 전하지 못했던 마음이 있으신가요?
책을 보며 새롭게 알게 된 것, 깨달은 것
그리고 하고 싶은 이야기를 적어 보세요.

_____
_____
_____
_____
_____
_____
_____
_____

　　　　　　　　새롭게 알게 된 것, 깨달은 것이 있나요?

_____

〈4회기로 진행되는 '가족대화훈련'을 마치고 가족들에게 전한 딸의 마음입니다〉

첫날 첫 시간, 그림책을 한 줄 한 줄 읽어 가는데 그림책 속 주인공 소녀의 마음이 곧 내 마음이었고, 그 마음의 병과 내 마음의 병이 같음을 알게 되었습니다.

이해한다고, 배려한다고 내 마음의 병에 담아 왔던 것이 생각나면서 제일 먼저 나 자신에게 미안했고, 마음이 아팠습니다.

하지만 소녀가 마음의 병을 비워 냈던 것처럼 내 마음의 병도 가족대화훈련을 하면서 조금씩 비워지고 있고, 더 비워질 것이라 기대합니다.

어린 시절부터 기억에 남는 건 엄마 아빠의 다툼과 거친 말들….
무서웠고, 슬펐고, 괜히 죄책감이 들었습니다.
뭐가 좀 달라지기를 기대하며 그 속에 덩그러니 서 있는 나….
불쌍했고, 안쓰러웠고, 아무 도움도 되지 못하는 내 존재가 미웠습니다.
무관심하게 혼자 방에 있던 오빠에게 서운했고, 원망스러웠습니다.
그런데 둘러앉아 눈을 보고 서로의 마음을 나누며 우리 모두 각자의 자리에서 힘들고 어려웠음을 알게 되었고, 그 마음을 말하고 들어 주는 것만으로 마음이 회복되는 것 같았습니다.

듣고 싶었지만 들을 수 없었고

하고 싶었지만 할 수 없었던 격려의 말들을 전하며
우리 모두에게 필요했고 우리 모두 간절히 듣고 싶었다는 사실이 용기를 주었습니다.
무엇보다 자신의 이름을 부르며 격려하는 시간에 눈물이 쏟아졌습니다.

'내가 나를 이렇게 사랑할 수 있구나.'
'우린 모두 사랑받아 마땅한 사람들이었구나.'
'우리 모두는 사랑이 너무 필요하구나.'

첫 시간 가족에 대한 정의를 내리지 못했는데 이제 그 빈칸을 채워 보려 합니다.

가족은 하나밖에 없는 소중한 내 편,
엄마는 사랑으로 격려해 주고 내가 앞으로 나아갈 수 있게 도와주는 꼭 필요한 존재,
아빠는 세상 따뜻하고 자랑스러운 사람,
오빠는 생각보다 정말 괜찮은 사람.

우리 가족은 가족대화훈련을 통해 정말 신비로운 체험을 했습니다.
둘러앉아 2시간씩 4주 동안 싸우지 않고, 화내지 않고, 웃으며 또는 눈물을 흘리며 진짜 마음의 대화를 나누는 놀라운 체험을요….
저는 지금 너무 행복합니다.

이 좋은 마음이 체험으로 끝나지 않고 오래오래 서로를 이해하고 공감하며 더 잘 알아 가는 시작이 되도록 노력하겠습니다.

엄마, 아빠, 오빠!
사랑해!

21.
배가 고픈 게 아니라
마음이 고팠던 거야

다른 사람에게 '난 너를 사랑해'라고 말하고 싶다면
우선 '난 나를 사랑해'라고 말할 수 있어야 한다.

— 아인 랜드

21일차〉
기적의 선물

요술 지팡이로 나를 새롭게 디자인한다면 어떤 모습이고 싶으신가요?
이미 이루어졌다고 생각하며 적어 보세요.

Ex) 나는 있는 모습 그대로 나를 사랑한다.
　　나는 활기차고 적극적인 사람이다.
　　나는 날마다 모든 면에서 점점 더 좋아지고 있다.
　　나는 실수를 통해 배우며 성장하고 있다.
　　나는 오늘을 사랑하고 오늘을 살아가는 것이 즐겁다.

1.
2.
3.
4.
5.
6.
7.
8.
9.
10.

새롭게 알게 된 것, 깨달은 것이 있나요?

"도대체 뭐가 불만이야? 학교생활을 어떻게 하길래 맨날 전화가 와? 엄마가 뭐가 되니?"
"…."
"말을 좀 해 봐."
"말을 하면 뭐가 달라지는데?"
"내가 어떻게 해야 되니… 뭘 더 해야 하냐고…."
"내가 뭘 어떻게 해 달라고 했어? 그냥 내버려 두라고!"
"말하기 싫으면 여기에다 써 봐. 뭐가 불만인지… 왜 그러는지…."
"내가 쓰라면 못 쓸 것 같아?"

 책임감이 강하고 스스로 하는 어린이였던 첫 아이는 중학교 1학년, 교복을 입으면서 완전히 다른 사람이 되었습니다.
 아이의 생활도 걱정이었지만 다른 사람들이 나를 보고 이렇게 말하는 것 같아 부끄러웠습니다.
 "부모 교육은 무슨… 자기 딸이나 잘 키우지…."

 몇 시간이 지났을까요?
 화가 나서 쓰라고 했지 진짜 쓸 거라고는 생각하지 못했는데, 딸은 깨알 같은 글씨로 앞뒤로 빽빽하게 적힌 종이를 제 앞에 던지듯 하며 들어가 버렸습니다.

 '필기를 좀 이렇게 열심히 하지….'
 한 줄 한 줄 읽어 내려가는데 화가 났습니다.

'이게 억울하다는 거야? 기가 막히네….'
'이게 힘들다고? 그럼 나는 죽어야겠네….'
'이럴 줄 알았지…난 또 뭐가 대단한 게 있다고….'

다시 딸을 불렀습니다.

"이게 지금 불만이니?"
"쓰라며?"
"지금은 엄마가 한 줄도 이해를 못하겠다. 좀 더 시간을 가지고 천천히 읽어 볼게.
너도 네가 쓴 걸 다시 한번 생각해 봐."

억울하고 슬프고 답답하고 화가 났습니다.
잘되라고 했던 말과 행동들을 어떻게 이런 식으로 해석할 수 있는시….

'엄마 노릇 힘들어서 못 하겠다… 어디 네 마음대로 한번 살아 봐. 나도 최선을 다했다고….'

매일 틈틈이 읽고 읽고 또 읽었습니다.
억울하고 슬프고 답답하고 화가 나는 감정이 반복되던 어느 날….

아직 아기인 세 살 딸이 큰누나가 되어 동생을 안고 있는 엄마를 바라보고 있었습니다.

초등학교 입학식 날, 바쁜 엄마는 없고, 할머니의 존재를 확인하느라 계속 뒤를 보고 있었다는 딸이 보였습니다.

늦게 귀가한 엄마에게 학교 이야기를 하며 선생님 때문에 힘들다는 이야기를 하는데, 그런 말 하는 거 아니라고… 선생님도 사람인데 화날 수 있다고… 너희들이 잘하라고…

영혼 없이 아이를 가르치고 있는 제 모습이 보였습니다.

분명 사랑하는 거 맞는데….
세상 모든 걸 준다 해도 바꿀 수 없고
세상 모든 걸 포기해도 이 아이는 절대 포기할 수 없고
내 목숨보다 소중한 내 딸인데…
왜 이런 마음이 하나도 딸에게 닿지 못했을까….

엄마 같은 선생님이었고
선생님 같은 엄마였습니다.

나는 엄마의 자리로 돌아가고, 그리고 내 아이의 자리도 찾아 주고 싶었습니다.

웃어 주기
그냥 웃어 주었습니다. 웃고 살기에도 부족한 시간인데 딸에게는 왜 그렇게 진지하고 심각했을까요.

들어 주기
그냥 들어 주었습니다.
판단·평가·비난·훈계를 멈추고 그냥 가만히…
그리고 온전히 아이의 편에서 들어 주었습니다.

안아 주기
백 마디 말보다 더 큰 위로를 주는 것이 '포옹'이라고 합니다.

믿고 기다려 주기
첫째로 태어나고 싶지도 않았을 거고, 첫째로 태어난 게 무슨 죄라고….
기대하지 않고 스스로 빛을 낼 수 있을 때까지 믿고 기다려 주는 엄마가 되기로 했습니다.

가장 사랑이 필요할 때 가장 사랑스럽지 않은 행동을 한다고 합니다.
비단 아이들만 그런 것 같지 않네요.
도와 달라고, 살고 싶다고, 화해하자고, 괴물이 아닌 사람이 되고 싶다고….
끊임없이 손을 내미는데 우리가 알아차리지 못한 건 아닐까요?
마음이 고픈 아이들입니다.
마음이 채워지면 건강하게 몸을 움직일 힘도 생길 거라 믿어 봅니다.

공 로 상

이 름

위 사람은 힘들고 어려운 순간들을 잘 견디며 여기까지 왔습니다.
실수를 반복하고 배우며 단 한 번뿐인 인생을
소중하고 의미 있게 잘 살아 내고 있습니다.
행복한 엄마로 가정을 살리고
자녀를 건강한 어른으로 키워 냄으로서
좋은 세상을 만드는 데 기여하는 바가 크므로
이 공로상을 수여합니다.

2022년   월   일

소중한 단 한 사람 (   )

에필로그

엄마도 그렇단다

-엄마 지음

네 작은 실수에 야단을 쳤구나
얘야, 사실은 엄마도 실패를 한단다
실패 없이는 성공도 없다는 것을
엄마가 잠시 잊고 있었구나
얘야, 미안하고 또 미안하다

너의 늑장을 다그치고 있구나
얘야, 사실은 엄마도 망설인단다
모든 일에 신중함이 앞서야 한다는 것을
엄마가 잠시 잊고 있었구나
얘야, 미안하고 또 미안하다

울고 있는 너를 안아 주지 못했구나
얘야, 사실은 엄마도 서러울 때가 있단다
맘껏 울 줄 알아야 맘껏 웃을 수 있다는 것을
엄마가 잠시 잊고 있었구나
얘야, 미안하고 또 미안하다

두려운 시도를 자꾸만 강요하는구나
얘야, 사실은 엄마도 때로는 겁쟁이란다

세상을 이기기보다 세상을 품어야 한다는 것을
엄마가 잠시 잊고 있었구나
얘야, 미안하고 또 미안하다
짜증을 내는 너를 원망했구나

얘야, 사실은 엄마도 자주 화를 낸단다
나를 좀 더 사랑해 달라는 또 다른 표현인 것을
엄마가 잠시 잊고 있었구나
얘야, 미안하고 또 미안하다

엄마만 찾는 너를 귀찮아했구나
얘야, 사실은 엄마도 나의 엄마가 그립단다
어른이 되어도 엄마 품으로 숨고 싶을 때가 있다는 것을
엄마가 잠시 잊고 있었구나
얘야, 미안하고 또 미안하다

하지만 얘야, 이것만은 알아 줘
엄마는 너를 단 한 번도 사랑하지 않은 적이 없단다
너를 사랑한다는 걸 잊은 적이 없단다
네가 세상에서 가장 소중하다는 걸 놓은 적이 없단다
얘야, 사랑하고 또 사랑한다